Birgitt Kopitzki

Nur für dich

Kleine gedankliche Kostbarkeiten über die Liebe und das Leben

Inhalt:

_____

1

Bibliografische Information der Deutschen Nationalbibliothek:

Die Deutsche Nationalbibliothek verzeichnet diese Publikation in der Deutschen National-Bibliografie; detaillierte bibliografische Daten sind im Internet über dnb.d-nb.de abrufbar.

Impressum

Texte: © Birgitt Kopitzki
Fotos: Raimund Rittig
Gestaltung, Satz und Layout: Raimund Rittig

Herstellung und Verlag: Books on Demand GmbH, Norderstedt
ISBN 978-3-8370-9626-2

Teil 1

– Lebensweisheiten –

Liebe dein Leben.
Denke stets daran,
du hast nur das eine!
Keinen Weg
gehst du zweimal,
nichts ist wiederholbar.

Trauere nicht, weil etwas endet.
Lass das Vergangene ruhen.
Denke zurück,
doch hadere nicht mit dem Schicksal.
Es liegt an dir,
wie du etwas in Erinnerung hältst.
Wo kein Schatten, da kein Licht.
Wo kein Schmerz, da keine Freude.

Leben bedeutet:
Immer in Bewegung zu bleiben,
offen zu sein für alles Neue,
bereit zu sein, dazuzulernen,
sich neuen Situationen zu stellen,
sich niemals einreden zu lassen,
man sei zu jung oder zu alt.

Jedes Ende birgt einen Neuanfang.
Jeder Anfang ist der erste Schritt zum Ende.
Anfang und Ende, sie bilden einen Kreislauf.
Niemand weiß, wo beginnt und wo endet der Kreis.

9

Verliere nie die Hoffnung.
Auch die letzte Welle kann ans Ufer tragen.
Tauche auf und ringe nach Luft,
immer wieder, unaufhörlich. Sei dir gewiss:

du schaffst es!

Nichts kann so treffen wie Worte.
Auch wenn du sie zurücknimmst,
sie bleiben im Gedächtnis haften.
Sie sind unauslöschbar.

Worte können alles,
sie können trösten, beruhigen,
erregen, erschrecken.
Sie erwecken Gefühle,
sie können strafen,
sogar vernichten.
Gehe behutsam mit ihnen um.
Sie haben es verdient.

Steh einem Freund stets mit Rat und Tat zur Seite.
Aber vergiß nie, das Dunkel des Anderen,
es ist nicht dein Dunkel.
Das Glück des Anderen,
es liegt vielleicht ganz woanders als das deine.
Gib einem Freund deinen Rat,
aber lass ihn selbst entscheiden.

Das ist tiefe Freundschaft.

Manche Erinnerungen sind grau und düster.
Lass sie ruhen,
bis ein wenig Licht die Dunkelheit erhellt.
Dann wirst du erkennen,
was Gutes in ihnen liegt.

Ein geknickter Zweig,
du kannst ihn nicht aufrichten.
Es bleibt nur die Hoffnung, dass neue Triebe
wachsen.
Nicht anders verhält es sich mit der menschlichen
Seele.

Das Leben ist geschrieben
in Moll und Dur.
Jede Zeit hat ihre
eigene Tonart.

Ohne den Schmerz
versiegt die Quelle der Freude.
Das eine wird aus dem anderen geboren.

Verliere nie die Hoffnung.
Oft geht sie erst in Erfüllung,
wenn du nicht mehr damit rechnest.
Sie geht verborgene Wege,
sie ist nicht berechenbar.
Die Erfüllung der Hoffnung
hat viele Gesichter.

Sind wir mit uns selbst nicht im Reinen,
werden wir es mit dem Rest der Welt nie werden.

Überall umgibt dich Leben.
Selbst in der einsamsten Nacht
funkeln noch Sterne.

Und sie zeigen dir:

Du bist nicht allein.

Mitten im Dunkeln leuchten die Sterne.
Mitten in der Trostlosigkeit finden
sich Worte, die dein Herz erhellen,
wie die Sterne der Nacht das Firmament.

Worte sind wie Sterne.
Sie bringen Licht ins Dunkel.
Nur klar müssen sie sein!

Blicke ich zurück,
so sehe ich nichts,
was ich bereue.
Alles hat seinen Sinn,
der Weg war manchmal steinig.

Das Schicksal schlug zu,
gnadenlos, unbeirrbar.
Aber, ohne Schmerz, keine Freude.
Wer die Tränen nicht kennt,
weiß nichts vom wahren Glück.

Beginne den Tag mit dem Gedanken,
wem du heute eine Freude machen kannst.
Sorge dich nicht um das,
was da noch kommen mag.

Trauere nicht um das, was vergangen ist.
Nimm das Leben leicht, ohne Leichtsinn.
Sei vergnügt, ohne ausgelassen zu sein.
Habe Mut und vermeide Übermut.

Sei zufrieden mit dem, was du hast,
hadere nicht mit dem, was du haben möchtest.
Beende den Abend mit der Sicherheit,
das Heute gelebt zu haben.

Das Morgen wird dir
dafür ein neues Glück bescheren.

Das Glück ist immer zugegen,
es verlässt dich nie.
Manchmal ist es nur dort,
wo du es nicht vermutest.

Suche am richtigen Ort,
zur rechten Zeit.
Du wirst es finden
Und es wird sich dir öffnen.

Vertraue auf das Glück.
Halte es nie zu fest,
sonst wirst du es zerstören.
Glück ist zerbrechlich wie Glas.

Übe dich im Schweigen.
Zuviele Worte kann das
Glück nicht ertragen.
Kein Glück ohne Neid.

Das Wichtigste im Leben,
es ist die Gegenwart.
Der, der dir gegenübersteht,
er ist von Bedeutung.

Das Jetzt ist ausschlaggebend,
nicht das Gestern und Morgen.
Freu dich am Moment,
genieße jede Stunde, jede Minute.

Vielleicht gibt es kein zweites Mal.
Manche Wege geht man nur einmal.
Verschenkte Momente,
sie sind oft unwiederbringlich.

Sei stets bereit.
Aber bedenke, warten können,
ist oft mehr.

Erst den richtigen Moment
nutzen zu können,
zeugt von großer Intelligenz.

———————————————————

Jedem Tief folgt ein Hoch.
Dem Regen folgt der Regenbogen
und er trägt mich hinauf
in die Glückseligkeit.

Teil 2

- Liebesgedichte -

Gemeinsam genießen,
Freude miteinander teilen.
Zusammen Probleme lösen,
Seite an Seite kämpfen.
Sich dem Anderen öffnen,
zeigen, was das Herz bewegt.
Miteinander reden, vereint schweigen.
Zusammen Erinnerungen sammeln,
sie hüten und mehren.
Das ist Freundschaft und oft
wird aus Freundschaft die ganz große Liebe.

Aus Sympathie wird Zuneigung,
aus Zuneigung Freundschaft.
Alles Schwierige wird leicht,
das Sinnlose wird sinnvoll.
Gemeinsame Zeit ist immer zu kurz,
getrennt sein ist schmerzvoll.
Kribbeln im Bauch, Schwinden der Sinne,
zärtliche Berührungen, die nie enden sollen.

– Die Liebe ist geboren –

Das was wirklich zählt,
ist unsichtbar:

- Glaube -

- Hoffnung -

- Liebe -

Sich lieben und achten,
Zusammenstehen in guten
und schlechten Zeiten,
sich vertrauen in allen Situationen.
Welch wundervolles Versprechen,
aus tiefstem Herzen gegeben.
Wie leicht ist es vergessen,
hält der Alltag erst Einzug.

Wir haben uns gesucht und gefunden.
Nun bin ich bei dir, du bist bei mir,
wir gehören zusammen.
Wir wollen das Leben miteinander teilen.
– TEILEN –
das ist das Wort worauf es ankommt.

Unsere Liebe wird niemals vergehen
wenn sie an sich glaubt,
die Hoffnung nie verliert,
sich treu bleibt und
wenn sie den Stürmen des
Alltags widersteht.

F ür alle Zeit miteinander verbunden

A lles miteinander teilen

M utig füreinander einstehen

I mmer an den Anderen glauben

L ebenslange Liebe und Geborgenheit

I n guten und schlechten Zeiten

E wige Treue bis der Tod uns scheidet.

Ich habe eine wundervolle Allee gesehen,
sie heißt Liebe.
Lass uns sie betreten,
zusammen den Weg beschreiten.
Die ersten Kilometer,
wir haben sie bereits durchwandert.
Sie waren wunderschön.
Die Allee, sie ist sehr lang.
Wenn wir gemeinsam ihr Ende erreichen,
dann ist es das schönste Geschenk.

Lieben bedeutet nicht,
dass man sich verliebt ansieht.
Lieben bedeutet,
dass man gemeinsam in eine Richtung blickt.

Lieben heißt, unaufhörlich
gegen tausend verborgene Mächte
zu kämpfen, die von uns selbst
oder der Umwelt ausgehen.

Liebe bedeutet,
ewiger Kampf um ihren Fortbestand.

Die Fehler des Anderen lieben lernen,
seine Schwächen aufzufangen,
seine Stärken zu bewundern,
für ihn da zu sein, in guten
und besonders in schlechten Zeiten,
ihn aufzufangen, wenn er fällt
und loszulassen, braucht er Freiraum,

das ist Liebe!

Liebe ist die Kraft, die alles verzeiht.
Sie ist langmütig und freundlich, sie eifert nicht.

Liebe ist eine freiwillige Gabe.

Die Liebe ist wie ein Feuer.
Nur durch beständiges Anfachen
bleibt sie bestehen.
Ohne die Sorge, dass das Feuer in der Nacht
erlischt und ohne die Furcht,
dass die Glut einmal erkalten könnte,
hört die Liebe auf zu leben.

Geliebt zu werden für seine Schwächen
und bewundert für seine Stärken,
sich vor dem Anderen öffnen zu können,
ohne Furcht etwas Falsches zu sagen,
das ist die wahre Liebe.

Lieben heißt, sich auch
ohne Worte zu verstehen.
Ein Blick, ein Händedruck,
eine zärtliche Berührung,
das aneinander denken,
es sagt viel mehr als Worte.

Du bist mir vertraut, ich bin dir vertraut.
Wir sind füreinander verantwortlich.
Vertrauen und Verantwortung
beziehen sich nicht auf einen Zeitraum,
sondern auf die Ewigkeit.

Wenn ich weiß, du kommst um Fünf am Nachmittag,
so kann ich schon ab Vier anfangen, mich zu freuen.
Und ich werde glücklich sein,
auch wenn du mir noch fern bist.

Komm, wir beide knüpfen ein Netz,
ein Netz zum Schutz unserer Liebe.
Es muss dicht sein,
denn die Liebe ist leicht verletzbar
und ein Netz ist sehr dünn.
Wir knüpfen gemeinsam
und verschlingen die Knoten ganz fest.
Und reißt das Leben es ein,
so werden wir es flicken,
Hand in Hand und immer wieder.

Wir legen unsere Hände ineinander
und geben uns Stärke, Halt, Sicherheit.
Unsere Hände berühren den Körper des anderen,
sie schenken Zärtlichkeit und Liebe.

Ich nehme deine Hand und sie tröstet mich, ohne
Worte.
Ein Druck deiner Hände sagt mir,
halte durch, es wird schon gut gehen.

Deine Hand, sie winkt mir zum Abschied
und sie sagt, komm bald zurück.
Deine Hand streckt sich nach mir aus,
sie sagt, komm zu mir, ich habe dich vermisst.

Wir legen unsere Hände ineinander
und sind glücklich.

Frühling, Sommer, Herbst und Winter,
sie gehören unzertrennlich zusammen,
doch niemals werden sie beisammen sein.

Der Tag und die Nacht,
sie sind miteinander verlobt,
doch nur wenige Minuten währt ihr Beisammensein.

_____

Ebbe ist die Schwester der Flut,
sie gehören zusammen
und doch verdrängen sie sich,
lösen sich ab in ihren Naturgewalten.

Du und ich, wir lieben uns.
Und doch sind wir manchmal wie Frühling, Sommer,
Herbst und Winter, Ebbe und Flut, Tag
und Nacht, zusammen und doch getrennt.

Liebe ist:
Sich einander in vielem gleichen,
sich in manchem zu übertreffen
und sich in anderen Dingen
nicht erreichen zu können.
Liebe heißt, sich zu bewegen.
Stillstand ist ihr Verderben.